Inteligencia Financiera:

Guía Para Los Emprendedores

Conviértete en Maestro del Juego del Dinero Para Construir Verdadera Libertad Financiera en Negocios. Volumen 1

Por

Income Mastery

responsables de cualquier dificultad o daño que pueda ocurrirles después de realizar la información aquí expuesta.

Además, la información en las siguientes páginas está destinada únicamente a fines informativos y, por lo tanto, debe considerarse como universal. Como corresponde a su naturaleza, se presenta sin garantía con respecto a su validez prolongada o calidad provisional. Las marcas comerciales que se mencionan se realizan sin consentimiento por escrito y de ninguna manera pueden considerarse como auspicios de la misma.

Tabla de Contenidos

Capítulo 1: ¿Qué es Cultura Financiera e Inteligencia Financiera?

Cultura Financiera

Con el término cultura financiera o educación financiera nos referimos a la curiosidad por el entendimiento y conocimiento de las llamadas finanzas personales, incluyendo los conceptos de ingresos y gastos, y fundamentalmente, el del ahorro.

De acuerdo con la definición aportada por la OCDE, la educación financiera es el proceso por el que los inversores y consumidores financieros mejoran su comprensión de los productos financieros, conceptos y riesgos, y, a través de la información, la enseñanza y/o el asesoramiento objetivo, desarrollan las habilidades y confianza precisas para adquirir mayor conciencia de los riesgos y oportunidades financieras, tomar decisiones informadas, saber dónde acudir para pedir ayuda y tomar cualquier acción eficaz para mejorar su bienestar financiero.

Ante estas definiciones, podemos formular las siguientes preguntas:

- ¿Dónde se sitúa el nivel de cultura financiera de los españoles?

- ¿Existe una relación directa, inversa o inexistente entre nivel formativo y cultura financiera?

- ¿Qué se está haciendo para aumentar la actividad financiera?

En el año 2005, la OCDE aprobó una resolución en la que se recomendaba a los países miembros la promoción de la educación financiera de sus ciudadanos. Entre sus recomendaciones, dicho organismo reconocía la necesidad de impulsar programas de educación financiera, dirigidos a todos los ciudadanos y comenzando esta tarea en la escuela.

Aspectos de la cultura financiera

- Comportamiento Financiero
- Actitudes financieras
- Retraso de Gratificaciones
- Perspectiva del tiempo
- Bienestar financiero
- Otros aspectos

Inteligencia Financiera

A diferencia de lo que muchos pueden pensar la inteligencia financiera no está ligada a la cantidad de dinero que dispones o al conocimiento que tengamos acerca del dinero, por el contrario, esta se define: como la capacidad que podemos desarrollar para generar nuevas fuentes de ingresos y/o mejorar nuestros ingresos, buscando estabilidad económica.

Es la confianza y la capacidad de resolver problemas económicos, ya que todo en la vida está vinculado de una forma u otra al dinero. El dinero mejora o inhibe lo que las personas pueden tener y lo que pueden hacer. La inteligencia financiera está adoptando un enfoque disciplinado para aprender sobre la administración básica del dinero, equiparse con las habilidades esenciales necesarias para ser competentes y responsables con el dinero.

Podemos decir, que la inteligencia financiera es la capacidad para resolver o evitar los problemas económicos, la habilidad de saber qué hacer con tu dinero en cada momento para mantenerlo a salvo y no permitir que corra ningún riesgo y lo que es mejor, la capacidad de hacerlo crecer más y más.

En la búsqueda de esta estabilidad económica, podemos encontrar muchas palabras claves como por ejemplo, ingresos, egresos, gastos, endeudamiento, rentabilidad, inversión, apalancamiento, etc.

Factores que ayudan en la mejora de la inteligencia financiera:

- Superávit de ingresos (ingresos mayores que los egresos).

- Búsqueda constante de nuevas fuentes de ingresos.

- Optimizar y rentabilizar tu capital.

- Creación de nuevos negocios.

- Instruirte cada vez más en el campo de negocios, aprender cómo crear e invertir.

- Invertir en activos y no en pasivos.

- Planificar y asegurar una vida financiera correcta para tu etapa de retiro.

Cabe resaltar que estos puntos te ayudan a tener más inteligencia financiera, pero no existe una fórmula para llegar al "éxito", es decir, en tu crecimiento personal te encontrarás con todos estos factores y tener una buena capacidad de análisis, experiencia previa, correcta capacitación y aprendizaje, es lo que principalmente te ayudará a tomar mejores decisiones en tu día a día.

Hoy en día ya no solo podemos encontrar toda esta información en libros, cursos, sitios de internet, talleres o en la vida real, sino también en testimonios de personas exitosas que nos cuentan de una manera empírica cómo mejoraron su vida económica, crecieron no solo su rentabilidad, sino también como personas y ahora nos dan una muestra fehaciente de que es posible lograr estabilidad económica, tomando decisiones acertadas en tus finanzas.

En las siguientes páginas mostraremos cuáles son las claves para mejorar nuestra inteligencia financiera, errores que usualmente se comenten, consejos, y principalmente cuáles son todos los beneficios de lograr mejorar nuestra inteligencia financiera y cómo con esto el camino al éxito está casi asegurado.

Hay dos formas de definir inteligencia financiera, uno es tecnológico y el otro es teórico.

- Inteligencia financiera tecnológica

Cuando definimos inteligencia financiera tecnológica nos referimos a cómo nuestra tecnología tiene las funciones integradas, automatizadas y específicas que las finanzas necesitan para tomar decisiones mejores y más informadas.

¿Cómo se ve eso?

La inteligencia financiera se refiere a la capacidad de nuestro software para:

- Retener la información de la moneda original
- Coincidir datos de moneda
- Retener datos de interés
- Usar lógica de contabilidad de doble entrada
- Traducir monedas
- Realizar roll-ups de gestión, legales y regulatorios
- Establecer jerarquías dependientes del tiempo
- Realizar eliminaciones, comparaciones y reconciliaciones entre empresas

- Ejecute consolidaciones múltiples de acuerdo con diferentes estándares de informes en el mismo conjunto de datos, todo mientras conserva los datos originales
- Utilizando la automatización diseñada explícitamente para los procesos financieros y contables, las finanzas pueden informar, divulgar y recopilar información de manera más eficiente a partir de los datos de rendimiento corporativo.

- Inteligencia financiera teórica

La inteligencia financiera se refiere comúnmente a la capacidad de los ejecutivos y empleados para comprender y ejecutar los principios contables. Bajo esta noción, los ejecutivos y empleados que no tienen una educación formal en finanzas o contabilidad aún necesitan comprender los principios financieros básicos. Esto es así cuando encuentran información contable, pues pueden discernir el mejor curso de acción a seguir.

Desde la teoría hasta la aplicación en el mundo real, se resumió los cuatro atributos principales de la inteligencia financiera:

- La Fundación: Los tomadores de decisiones deben entender cómo leer documentos financieros básicos. Estos incluyen el estado de resultados, el balance general y el estado de flujo de efectivo. Todos los ejecutivos deben comprender la diferencia entre efectivo y ganancias y por qué el balance general está equilibrado... o si no lo está.

· El arte: Una parte de arte y otra de ciencia, la inteligencia financiera implica que los encargados de la toma de decisiones comprendan cuándo se han aplicado los supuestos y cómo esos supuestos pueden llevar a conclusiones diferentes.

· Análisis: Los tomadores de decisiones pueden analizar significativamente los números. Pueden calcular la rentabilidad, el apalancamiento y la liquidez.

· El panorama general: los encargados de tomar decisiones pueden entender lo que significan los números cuando se colocan en contexto con la economía, la competencia, las regulaciones y las necesidades cambiantes de los clientes.

¿Qué resuelve los problemas de dinero?

La inteligencia financiera resuelve problemas de dinero. En términos simples, la inteligencia financiera es esa parte de nuestra inteligencia total que usamos para resolver problemas financieros.

La inteligencia financiera resuelve estos y otros problemas de dinero. Desafortunadamente, si nuestra inteligencia financiera no está lo suficientemente desarrollada para resolver nuestros problemas, los problemas persisten y no se van. Muchas veces se ponen peor, causando aún más problemas de dinero.

Por ejemplo, hay millones de personas que no tienen suficiente dinero reservado para la jubilación. Si ellos no resuelven ese problema, el problema empeorará a medida que crezcan y requieren más dinero para atención médica. Les guste o no, el dinero afecta el estilo y la calidad de vida, además de permitir comodidades y sin complicadas opciones, la libertad de elección que ofrece el dinero puede marcar la diferencia.

Libertad financiera e independencia

La libertad financiera es la libertad de ser quien realmente es y hacer lo que realmente quieres hacer en la vida. Es mucho más que tener dinero. Quien quiera ser financieramente libre necesita convertirse en una persona diferente de lo que es hoy y dejar de lado lo que lo haya retenido en el pasado. La libertad financiera es un proceso de crecimiento, mejora y obtención de fortaleza espiritual y emocional para convertirse en la persona más poderosa, feliz y exitosa posible. El hecho de que uno tenga dinero no significa que tenga libertad financiera. Disfrutar de las recompensas de la libertad financiera es simplemente una cuestión de aumentar la educación financiera personal y determinar dónde se encuentra ahora financieramente y hacia dónde quiere ir. Falta libertad financiera en el plan de estudios actual del sistema escolar. Ningún maestro, profesor o aula lo ofrece como curso, pero es lo que la gente pasa la mayor parte de sus vidas persiguiendo, ¿cómo ser financieramente libre?. La libertad financiera es un estado financiero de un individuo donde el ingreso pasivo excede los gastos de subsistencia. El ingreso pasivo es el ingreso obtenido sin la participación activa de uno. Los ejemplos incluyen renta, dividendos, intereses, regalías, bonos, etc.

Capítulo 2: Claves para lograr la Inteligencia Financiera

Analice su realidad financiera

El saber en qué situación financiera te encuentras, tomar el correcto control de tus finanzas personales, en que estabas gastando te ayudará de una manera rápida y eficaz a tomar decisiones correctas sobre tu dinero.

Tres herramientas que te ayudarán mucho en este análisis será:

Realizar un plan financiero: Principalmente un plan financiero te ayudará a estimar si tu realidad económica, cumple con las expectativas que generas en relación a la liquidez y rentabilidad esperadas.

En resumen, un plan financiero tiene como finalidad darte a entender si tu presente financiero es solvente y si cuentas con liquidez y tienes rentabilidad, como para seguir llevando tus finanzas de esta manera.

Conocer tus estados financieros: Esto no se trata solo de ver tus ingresos y egresos, esto va un poco mas allá. Parte importante de esto es que sepas analizar tus estados financieros ver las desviaciones mes a mes o año tras año de cómo tus diferentes cuentas se van modificando.

La información sacada de estos estados financieros, te debe servir para verificar si estás cumpliendo o no con tus objetivos y con esto verificar la eficacia en su utilización.

La capacidad para generar ingresos se relaciona con la inteligencia financiera y con la evaluación del riesgo; asimismo, con las capacidades del sujeto para hacer parte del engranaje social.

Esta capacidad de generar ingresos repercute en el bienestar financiero de nosotros, fortaleciendo o no sus relaciones con el entorno económico en el que vivimos; y también, repercute a largo plazo con el desarrollo de la sociedad y la posibilidad de igualdad dentro de la misma.

El endeudamiento

Muchas personas especialmente los jóvenes al iniciar su vida financiera piensan que el endeudamiento es sinónimo de crecer, esto es algo incorrecto. Las deudas en muchos casos son sinónimo de muerte financiera, el estar ligado a una deuda en un banco, con la tarjeta de crédito, financiera, etc., muchas veces nos hacen esclavo de esta.

Son muy pocas las ocasiones que se puede estar a favor del endeudamiento, siempre que no sea para bienes de consumo, si no en inversiones que te generen una buena rentabilidad y no pongas en riesgo tu patrimonio y cuentes con los ingresos necesarios para poder cubrir con esta responsabilidad financiera.

Si actualmente ya estás endeudado(a), pues quizás es buen momento para que pienses en cómo salir de estas. Pues tú podrías encontrarte con una insolvencia personal o financiera que te lleve a perder mucho tiempo y dinero.

Ahorro es progreso

Planificar lo que vas a ahorrar y no pensar en guardar dinero cuando te sobre (hecho que difícilmente ocurra), te ayudará mucho en tener una buena salud financiera. En primer lugar, pensar en "pagarnos a nosotros mismos" y luego pagar a los demás, aprenderemos a acomodar nuestras finanzas y mejoraremos nuestros hábitos financieros.

Muchas personas creen que es complicado ahorrar, cuando en realidad depende de cada uno de nosotros vivir nuestra realidad, dejar de pensar que el dinero que ganamos es igual al dinero que gastamos. La clave de todo esto está en tratar de mantener un camino de vida, en lugar de querer aumentarlo cada día y hasta llegar al endeudamiento.

Ahorrar es la palabra clave para cualquier transformación financiera, no importa cuánto se ahorre, lo importante es que lo hagamos y que logremos crear un hábito con ello. Para comenzar con buen pie podemos trazarnos una meta e irla cambiando a medida que la estemos superando.

Además de destinar parte de nuestro dinero a ahorrar, también debemos establecer cuáles gastos mensuales podemos disminuir. En este punto evaluaremos facturas, créditos, salidas a comer, irse de fiesta, transporte, entre otras.

Adquiera conocimientos

El hecho de saber y de conocer ya te concede poder y libertad financiera, para adquirir conocimientos no solo será necesario invertir dinero si no también tiempo.

Como es común ni en la universidad, ni en el colegio te enseñan a manejar tus finanzas personales, pero eres tu la persona que debe de conocer a la perfección sus hábitos financieros.

Empezar por comprarte libros, leer algunos artículos de internet, armar resúmenes, es solo el inicio. La principal fuente de donde podrías obtener conocimientos sería de manera empírica, es decir poniendo a prueba todo lo ya aprendido, sí, aunque parezca un poco raro, tú mismo podrías ser tu propio "profesor". Recuerda que el tema de inteligencia financiera depende mucho de conocer tu propio entorno financiero y las decisiones que puedas tomar son las que te darán diferentes resultados.

Otra de las maneras de adquirir conocimientos es escuchar y aprender de gente que llegó al "éxito" y lo pongo entre comillas porque no necesariamente lo que es éxito para ellos es éxito para nosotros. Conferencias en las cuales ellos nos cuentan experiencias personales, cuentan sobre sus errores y aciertos en sus decisiones, sería de gran valor y ayuda para nosotros estar preparados ante alguna de estas situaciones, que nos pueda deparar nuestra vida financiera.

Rastrea cada centavo gastado

Este es el paso que de alguna manera tiene el mayor impacto. La mejor manera de tomar conciencia de cómo el dinero realmente va y viene en la vida de uno, en lugar de cómo uno piensa que va y viene, es hacer un seguimiento de cada centavo que entra o sale de la vida. No importa cómo se realice el seguimiento, lo más importante es hacerlo. Se puede usar una libreta de efectivo cualquiera que sea el método elegido se debe seguir. El seguimiento debe hacerse un hábito. Los números no deben ser falsificados y el registro de las transacciones debe hacerse lo antes posible. Sobre todo, el individuo no debe juzgarse a sí mismo ya que el seguimiento del gasto es un ejercicio de recopilación de datos; no es el momento apropiado para cambiar los hábitos

Inversión

Siempre es recomendable tratar de invertir en algo, tratar de buscar la forma de rentabilizar dinero más allá de ponerlo en un plazo fijo en un banco que por cierto nos paga una tasa de intereses súper bajo, con respecto a lo que ellos cobran.

Invertir es arriesgar, estos dos términos van de la mano y siempre hay que tener en cuenta que al invertir tendrás si o si un chance de perder, en todo caso la mejor manera sería disminuir en lo más que se pueda el riesgo y tener siempre en claro que depende mucho de la decisión que tomes, es que tu inversión será positiva o negativa.

De otro lado, las oportunidades financieras están abiertas; se debe analizar la mejor decisión al momento de invertir, pero, evaluar el riesgo puede ser una forma de reducir la pérdida de dinero en alguna inversión. Las crisis financieras no solo se presentan en los hogares, el mundo también ha vivido diferentes momentos, en los cuales el impacto financiero, para algunos países, ha sido crítico y de alto impacto, llevando a todo el sistema productivo, económico, social y financiero a un colapso; no obstante, lo anterior permite identificar lo sucedido y tomar acciones, en áreas de mejorar esas condiciones adversas, tanto en los países como en los hogares y el individuo.

Gana dinero extra

Se pueden cumplir muchos objetivos financieros reduciendo el gasto y utilizando las herramientas adecuadas. Pero nada sobrealimenta el progreso personal como un aumento en los ingresos. Se puede ganar dinero extra al hacer lo siguiente:

- Solicitar un aumento a través de la ambición y el ingenio, esto podría ser antes o después de ser contratado.

- Cambio de empleadores. Esto se debe a que no todos los empleadores son capaces o están dispuestos a ofrecer aumentos, incluso cuando se merecen. Uno puede considerar encontrar un nuevo empleador si este es el caso.

- Tomar un segundo trabajo. Muchas personas encuentran que la mejor manera de salir de un agujero financiero es tomar temporalmente un segundo trabajo. Nadie quiere trabajar más de 40 horas por semana, pero a veces eso es lo que se necesita para salir de la deuda o ahorrar para una casa. Sin embargo, esto debe hacerse por un corto tiempo.

- Uso de pasatiempos personales. Es posible tener pasatiempos para ganar dinero. Muchas personas usan pasatiempos productivos para ganar un poco de ingresos adicionales, aunque no se enriquezcan al hacerlo.

- Voluntariado para la investigación médica.

- Vender cosas. Uno puede vender cosas que ya no son necesarias o deseadas a través de eBay, Craigslist, ventas de garaje y el mercado de Amazon. Empresas comerciales como Avenues to Wealth también ofrece fantásticas oportunidades de distribución y venta para los miembros. El dinero ganado impulsará cualquier esquema de reducción de deuda.

· La búsqueda de emprendimiento es otra forma efectiva de aumentar los ingresos. La organización de la avenida a la riqueza también es una gran herramienta de apalancamiento a este respecto

Ser libre financieramente

El ser libre financieramente es la meta de todas las personas, pero esto no solo tiene que ver con ganar mucho dinero, en todo el mundo ha ocurrido que personas que tienen millones de dólares, de un momento a otro lo pierden todo.

Ser financieramente libre significa rediseñar tus hábitos financieros, este proceso puede tomar una gran cantidad de años o hasta quizás su vida entera. El hecho de ganar dinero no siempre resuelve los problemas financieros, la verdadera forma de resolver los problemas es cómo manejamos nuestro dinero.

Una de las principales claves del éxito financiero como ya lo habíamos mencionado anteriormente, es el ahorro, estamos constantemente tentados a comprar nuevos productos, el celular más moderno, el último video juego, estar siempre a la moda, pero no nos damos cuenta muchas veces que teniendo paciencia y siendo muy inteligentes podríamos mejorar nuestra situación financiera.

Tener alternativas financieras es parte importante en la búsqueda de la libertad financiera, recuerde que la construcción de riquezas, puede ser un camino muy lento, pero puede llegar en el momento más oportuno o necesario.

Enfócate en tu retiro

Uno de los hábitos financieros más importantes de todos es saber hoy qué quieres para mañana. Si hoy en día tienes problemas financieros y estás en una etapa productiva y laboral en tu vida. ¿Qué vas a hacer cuando ya no trabajes y dejes de recibir dinero?

Muy pocas personas planifican realmente cómo se van a retirar y cómo van a vivir el resto de su vida. Muchos creen que el Estado se encargará de ellos, pero puede que pase todo lo contrario.

Percepción de inseguridad y estrés financiero

El estrés financiero ocurre por la falta de un uso equilibrado de la inteligencia contextual, debido a que el sujeto no logra adaptarse a los cambios del entorno económico en el cual vive ni afrontar de manera correcta los requerimientos de la sociedad, para obtener bienestar financiero. Este estrés impone una carga al sujeto y afecta la percepción y seguridad de las demás actividades vitales del mismo, además, influye en la inseguridad creciente del sistema, afecta las posibilidades de equidad, en un mundo en el cual el dominio del poder económico es creciente y limita las posibilidades de desarrollar las competencias para la educación financiera.

Se puede desprender de esto que las personas, al recibir su dinero por un trabajo o labor ejecutada, realizan un balance entre el activo y el pasivo , y al momento de establecer esa relación y percibir que sus gastos son superiores, genera una insatisfacción financiera, una percepción de saber que trabaja para cubrir únicamente sus deudas y que no le alcanza para otras situaciones que realmente son necesarias para subsistir; así las cosas, uno empieza a sufrir de un estrés financiero, lo cual conlleva a conductas de insatisfacción personal, con él mismo y su entorno, juzgando su actuar, y pensando en qué otras actividades puede crear para equilibrar su vida financiera.

Por consiguiente, la percepción de insatisfacción financiera también puede desencadenar en otros escenarios, como enfermedades de tipo muscular, cerebrales y cardiológicos, donde la afectación puede ser parcial o total; así mismo, los efectos jurídicos y legales, los cuales se presentan por incumplimientos o pérdida de las inversiones, se contemplan como otro factor de estrés y preocupación al momento de invertir. Teniendo en cuenta lo anterior, el riesgo en una inversión, de cualquier tipo, existe; lo único real es minimizar el riesgo, en tanto, evitarlo será imposible.

Aprende el arte del gasto consciente

El gasto consciente se trata de la frugalidad y la evaluación de cada compra. Ser frugal no significa privación personal. Más bien significa elegir gastar en las cosas que son importantes para uno mientras recorta sin piedad las cosas que no lo son. El gasto consciente implica elegir activamente no gastar en reflejos o hacer compras impulsivas como lo hacen la mayoría de las personas. El gasto consciente no es restrictivo; es bastante liberador. Tendrá un poderoso efecto positivo sobre cómo se realizan los gastos y el ahorro. Aprender a practicar el gasto consciente es una forma segura de mejorar la calidad de vida. El verdadero secreto de la libertad financiera es gastar menos de lo que se gana, sin importar el tamaño de la ganancia.

Capítulo 3: Errores que pueden impedir tu crecimiento financiero

Así como ya hablamos acerca de las claves para mejorar nuestra inteligencia financiera ahora veremos tres errores comunes que suelen cometerse y que algunas veces truncan nuestra planificación y crecimiento financiero.

Tercerizar nuestros problemas

Si nosotros somos los dueños de un negocio y tenemos gente que trabaja para nosotros, no es bueno que dejemos el 100% de la solución de problemas a nuestro personal, el no estar involucrado en los problemas del día a día de la empresa, nos puede perjudicar.

Tener a una persona que maneje nuestro dinero, nos impide aprender y mejorar nuestras propias finanzas y esto hace que nuestro riesgo aumente.

No hacer frente a nuestros problemas

No hacer frente a nuestros problemas financieros es más común de lo que ustedes creen, en la actualidad la mayoría de personas tienen un contador que maneja su dinero, un abogado que ve tus propiedades, una secretaria que ve tus horarios, etc. Si eres parte de este grupo de personas debes saber que no estas optimizando tu potencial es decir esquivas la posibilidad de mejorar tu inteligencia financiera.

No se trata del hecho de que no hagan lo que su trabajo les pide o que este mal, sino que, así como solucionan los problemas en su trabajo o de otras personas, ustedes también tengan la facilidad para resolver sus propios problemas.

El ver estos problemas como una oportunidad para ser mas inteligentes es un gran paso para mejorar nuestra inteligencia financiera y encontrar un punto medio entre lo que hacemos para otras personas y lo que hago para mí en mi vida.

Estos errores son comunes pero muy fáciles de detectar, para lo cual se necesitará de algunos consejos que puedan ayudar en una buena toma de decisiones y para poder mejorar nuestra inteligencia financiera.

Invertir todo nuestro dinero

Otro de los errores frecuentes se basa en invertir todos nuestros ahorros en una primera etapa de nuestro negocio. Cuando tenemos una idea y decidimos llevarla a cabo debemos llevarla por etapas y buscar el momento justo para invertir. Si no tenemos en cuenta esto podemos carecer de fondos a la hora de desarrollar alguna de las etapas posteriores de nuestro negocio, lo que significa que habremos perdido el tiempo y lo que es más importante, nuestros ahorros.

Capítulo 4: Consejos para mejorar nuestra inteligencia financiera

- Aprende a ser equilibrado: Debes tener muy claro cuánto suma el total de tus ingresos y el total de tus gastos, que tus gastos nunca superen lo que produces.

- También tienes que tener en cuenta, qué es un activo y un pasivo. Los ricos acumulan solo activos para tener una libertad financiera.

- Realiza un presupuesto en el que puedan visualizarse claramente:

  · Ingresos: Debes crear una lista donde tienes que anotar todo el dinero que obtienes al mes, para establecer la cantidad de dinero que recibes al mes.

  · Ahorros e inversiones: En otra lista escribes las salidas de dinero que sean para los ahorros o inversiones. Este paso ayuda a mantener el hábito del ahorro.

  · Pagos y deudas: En otra, vas a escribir la salida de dinero donde corresponde a las deudas, como por ejemplo las tarjetas de crédito, hipotecas, entre otros. Un grave error que sucede a menudo, es hacer un presupuesto donde solamente son tus gastos fijos del mes y que olvides los gastos que suceden con menor continuidad.

- Estudia y observa el problema financiero que te está sucediendo en ese momento: Esto no quiere decir que tienes que estudiar los problemas que están sucediendo en tu país, de lo que trata es de examinar y determinar tu propia situación económica. Puede que un amigo esté pasando por un problema fuerte y comiences a buscar algunas opciones que le ayuden un poco.

- No dejes de aprender todos los días: Hay muchas maneras de recibir entrenamientos financieros para la mejora de tu vida empresarial y/o personal, tanto así, que te dan material o de documentos como, investigaciones de diferentes temas que te ayudan a enriquecer tu inteligencia financiera.

- Control de Gastos Innecesarios: Conocer nuestros gastos personales es fundamental para tener un control total de las finanzas, saber cuánto dinero entra (¿de dónde viene? y cuánto dinero sale (gastos básicos como: renta, servicios, televisión por cable, internet, comida, entre otros) es el primer paso para mejorar la economía personal.

¿Cómo podemos llevar este control?

Podemos empezar por elaborar una tabla cada mes en la cual se escriba el dinero que se gasta en el día a día, gastos vs el dinero que nos entra, luego al finalizar el mes, contabilizamos estos datos y hacemos un análisis profundo a los resultados.

Capítulo 5: ¿Por qué desarrollar tu inteligencia financiera?

Si en esta sección usted ya está pensando en algunas estrategias para dejar de trabajar y poder generar más dinero, entonces está entendiendo por qué es importante desarrollar su inteligencia financiera.

Esto, como ya se dijo, no es algo que te enseñan en el colegio o en la universidad; digamos que es una asignación que te toca investigar, aprender y realizar por sus propios medios, y para esto usted deberá apoyarse en la lectura en torno al tema, así como en cursos, artículos especializados, expertos, talleres, maestrías en finanzas y en todo aquel material que te deje un valor agregado importante.

Solo así estarás capacitado para dejar que el dinero juegue a tu favor y no en tu contra, pues de eso se trata básicamente la inteligencia financiera.

La educación financiera hace una buena parte en las nuevas perspectivas sobre la inteligencia, su descripción, desarrollo y evolución, como de las necesidades comunitarias en un mundo globalizado.

El diagnóstico de la educación financiera permitirá determinar el grado de desarrollo de una persona y de una sociedad, y las posibilidades que la misma tiene para que usted pueda lograr adaptarse al actual movimiento económico mundial, y, de esta manera poder contrarrestar las posibles fallas o problemas que puedan traer consigo el desconocimiento de las exigencias financieras y la deficiente capacitación a la cual estamos expuestos.

La educación financiera está ligada a la calidad de la educación y al contexto en que está desarrollada; es decir, influyen aspectos como la cultura, la sociedad y la educación, que la persona recibe desde joven, para poder así tener una idea de lo que es realizar un diagnóstico financiero, con el fin de ejecutar determinadas inversiones en los diferentes sectores económicos que ofrece el mercado.

Por otro lado, la educación financiera debe ser considerara por los países y el sistema educativo de cada país, iniciando desde básica, como una manera de crear en los individuos estrategias de cultura de inversión desde temprana edad; esto llevará a que los indicadores de calidad de vida, economía y sociedad mejoren, y se pueda identificar que el efecto del ahorro sí tiene un impacto positivo en toda la sociedad y sus diferentes escenarios

Ventajas de la Inteligencia Financiera.

Lograr desarrollar nuestra inteligencia financiera, trae un sinfín de beneficios a nuestros planes económicos, la mejor parte de esto, es que nunca dejamos de crecer y cada día podemos ir aprendiendo cosas nuevas, sin embargo, una vez que hayamos logrado:

· Tener egresos menores a los ingresos.

· Buscar nuevas fuentes de ingresos.

· Optimizar y rentabilizar nuestro capital.

· Aprender a invertir y crear negocios.

· Planificar un futuro financiero.

Podemos decir que estamos listos para seguir aprendiendo y añadiendo ventajas a nuestra lista, todos estos elementos componen y ayudan a tener más inteligencia financiera.

Para aprender a tener inteligencia financiera, se necesita análisis, experiencia, capacitación y aprendizaje, esto no es algo que se pueda estudiar en la universidad, ni siquiera lo enseñan como materia, es algo que debemos ir viendo por nosotros mismos, bien sea tarde o temprano.

Una persona que posee una inteligencia financiera está siempre pensando en aumentar sus ingresos y disminuir gastos innecesarios. No se trata de ser conformista, vivir mal o de convertirse en un tacaño, se trata de encontrar el equilibrio perfecto entre lo que se gasta, lo que se gana y el dinero adicional que se puede obtener.

Dedicarse al desarrollo de la inteligencia financiera nos va ayudar a alcanzar todos los objetivos que nos hayamos propuesto y aunque sea una verdad incómoda, debemos estar conscientes de que si deseamos libertad financiera y seguimos pensando en trabajar duro toda nuestra vida y ser siempre un empleado, entonces estamos más lejos de lo que creíamos. Tener inteligencia financiera nos permitirá encontrar oportunidades donde más nos guste, pero sobretodo: nos ayudará a emprender un proyecto exitoso.

¿Qué pasa si no desarrollo mi inteligencia financiera?

Como ya te mencioné al inicio de este artículo, la mayoría de la gente pierde dinero. Si no tienes inteligencia financiera te será difícil recuperar esas pérdidas y generar abundancia. Asimismo, es importante mencionar que usted pasará toda su vida esclavizado en un solo empleo, pero ojo, los fondos para el retiro no están funcionando, lo que quiere decir que el esclavizarte como empleado difícilmente te dará el nivel de vida que deseas al jubilarte.

Lograr tus sueños es mucho más fácil cuando tienes recursos económicos: la casa que deseas, las vacaciones que añoras, la relación que anhelas, etc. Otra de las ventajas que tienes es que, entre mayor sea tu inteligencia financiera mejores decisiones tomas, dado que tendrás acceso a más oportunidades, las cuales no podrás ver de seguir con tus mismas creencias acerca del dinero.

La necesidad de inteligencia financiera

Hay una transición global de la era industrial a la era de la información. Incluso si uno tiene mucho dinero y si no se sabe qué hacer con él, se habrá ido. La inteligencia financiera es obligatoria para la supervivencia en la vida porque los gastos siempre aumentarán para alcanzar los ingresos y el salario nunca será suficiente. La inteligencia financiera permite el desarrollo de habilidades críticas del siglo XXI, tales como:

- Pensamiento crítico y resolución de problemas.
- Colaboración entre redes y liderazgo por influencia.
- Agilidad y adaptabilidad.
- Iniciativa y emprendurismo.
- Oral efectivo y Comunicación escrita.
- Acceso y análisis de información.
- Curiosidad e imaginación.

El secreto de una vida entusiasta, optimista y exitosa es perseguir un sueño y la inteligencia financiera permite alcanzar sueños y objetivos imaginados. La inteligencia financiera permite el conocimiento del hecho de que la respuesta a la oración no está de acuerdo con la fe de un hombre mientras habla, sino de acuerdo con la fe de un hombre mientras trabaja. Le enseña a uno cómo ganar más dinero, cómo protegerlo, cómo presupuestarlo, cómo aprovecharlo y mejorar su información financiera, el hecho de que incluso las casas no se consideran activos hasta que se pagan por completo. La inteligencia financiera revela la conspiración de los ricos contra el sistema educativo social y la libertad financiera. También le enseña a un individuo cómo lograr la independencia financiera utilizando su trabajo o negocio como plataforma de lanzamiento. El conocimiento obtenido de los cursos de inteligencia financiera brinda el estímulo para soñar y la confianza para actuar. Será maravilloso si los niños tienen este conocimiento temprano en la vida.

Capítulo 6: Competencias para la toma de decisiones financieras

Las competencias en este sentido pueden adquirirse con el aprendizaje, pero el proceso de adquisición inicial tiene qué ver con el desarrollo del sujeto, la comunidad en la que se está desarrollando y su adaptabilidad con el entorno. Aun así, entendiendo que con lo ya explicado anteriormente la idea de que la inteligencia no es un concepto estático ni que puede aplicarse de manera homogénea, siempre está latente la posibilidad de adquirir conciencia sobre las necesidades financieras propias y del entorno, y de desarrollar competencias para afrontar, de manera equilibrada, tanto las finanzas personales como la relación con el sistema económico del entorno.

Analizamos después de lo antes visto que la toma de decisiones financieras se expresa desde la empresa, la sociedad y la familia; prepararse para poder lograr un equilibrio al momento de tomar decisiones financieras es fundamental en una sociedad; no solo es el gasto, el ahorro es importante para poder tener posibilidades de un mejor futuro.

Así mismo, se destaca que la educación financiera debe estar soportada en decisiones financieras fundamentadas, según necesidades de cada persona; es claro que cada uno de nosotros tiene una forma de pensar al momento de invertir su dinero, es por eso que aparecen diferentes tipos de inversionistas que, según la clasificación y tipo de inversión, tienen aspiraciones y pretenden recibir algo diferente a cambio, y considerar la mejor opción que exista en el mercado; las personas son prudentes y su riesgo casi siempre es moderado, esto es algo común dentro de la cultura colombiana, que quiere invertir poco pero ganar alta rentabilidad.

Capítulo 7: Beneficios de la inteligencia financiera en el ámbito laboral

El beneficio de la inteligencia financiera está descrito de la siguiente forma: si todos entienden lo que significan los números y los objetivos generales de una empresa entonces actuarán de una manera que mejorará la situación financiera de dicha empresa. Asimismo, cuando se trata de tecnología, si todos pueden usar los datos de rendimiento financiero de manera eficiente, el camino para mejorar la situación financiera y tomar mejores decisiones comerciales es claro.

Actualmente en un mundo centrado en el cliente, muchos propietarios y gerentes de empresas son bombardeados con "sobrecarga de información" y buscan urgentemente formas de obtener un mayor control, comprensión e inteligencia de los datos de su organización.

Una de las mejores soluciones para este problema creciente es adoptar una estrategia de Inteligencia financiera, pero en realidad muchas empresas han tardado en hacerlo, debido a la falta de conocimiento de lo que implica exactamente, dónde comenzar y como cuánto tiempo llevará ver algún beneficio. La verdad es que la inteligencia financiera debería ser una parte integral de su operación.

El analista de tecnología Gartner describe Inteligencia financiera como "las aplicaciones, la infraestructura y las herramientas, y las mejores prácticas que permiten el acceso y el análisis de la información para mejorar y optimizar las decisiones y el rendimiento".

Entonces, en términos prácticos, ¿cómo podría la inteligencia financiera brindar beneficios a una empresa?

1. Toma de decisiones inteligentes

Como gerente comercial o propietario, es vital tener un control firme de lo que le dicen los datos de su organización. Como todos sabemos, la información no necesariamente equivale a la inteligencia. Este es especialmente el caso si esa información se "agrupa" en partes dispares de su negocio.

El objetivo primordial de una iniciativa de inteligencia financiera es convertir la información de su empresa en información estructurada y analizable; en otras palabras, inteligencia empresarial real que pueda informar la toma de decisiones estratégicas en toda la empresa. Según las propias experiencias de nuestros clientes, está claro que tener una inteligencia actualizada basada en datos a su alcance no solo conduce a mejores decisiones comerciales, sino que en última instancia contribuirá a un rendimiento financiero superior.

La columna vertebral técnica para la toma inteligente de decisiones es un repositorio único y centralizado que reúne datos sobre todas sus actividades comerciales e interacciones con los clientes. Las soluciones de gestión de relaciones con el cliente (CRM) suelen desempeñar un papel invaluable aquí. Un CRM bien implementado actúa como el puente entre los equipos y le permitirá ejecutar informes que brinden una variedad de métricas comerciales clave: productividad, rendimiento del personal, preferencias de productos, ciclos de ventas, comportamiento del cliente, clientes principales, ingresos y tendencias del mercado. Todo listo para el análisis por parte del equipo directivo, entonces es posible identificar rápidamente los puntos críticos de rendimiento y marcar dónde se pueden emular los procesos en otras partes del negocio, o dónde se deben hacer ajustes. Cualquier decisión resultante se basará en hechos concretos en lugar de suposiciones o suposiciones.

2. Romper los objetivos de ventas y marketing

La inteligencia financiera ofrecerá un análisis en profundidad para impulsar las ventas, aumentar el rendimiento de su función de marketing y, lo que es más importante, sacudir la forma en que ambos equipos trabajan juntos.

Tomemos las ventas primero. Brindar a sus vendedores herramientas que puedan medir su actividad e identificar tendencias en el comportamiento del cliente es fundamental para que puedan cronometrar sus enfoques de manera más estratégica y explotar todas las oportunidades de ventas cruzadas o up-selling.

Esto es exactamente lo que uno de nuestros clientes en el sector de servicios financieros, ha logrado, la compañía ha creado paneles de indicadores a medida que incluyen oportunidades de ventas por etapa, para dar una representación visual de sus perspectivas frías, cálidas y calientes. Uno de sus gerentes de relaciones, ofrece un poderoso testimonio de la forma en que esto dio un tiro inmediato en el brazo a las ventas. Es una herramienta tremenda que ha aportado información a todo el proceso. La mayor diferencia es la visión detallada de nuestra cartera de ventas que ha mejorado la previsión, la programación del trabajo y el análisis de procesos.

Cuando se trata de marketing, su equipo se beneficiará enormemente de la inteligencia financiera a través de una mejor visibilidad de la información de ventas, que se puede utilizar para ajustar y dirigir sus campañas de marketing. Pueden usar técnicas para rastrear y medir cada campaña y usar la información obtenida para garantizar que las futuras iniciativas de marketing sean lo más rentables y efectivas posible.

Curiosamente, se mencionó específicamente que logran ganancias colaborativas significativas al vincular las ventas y el marketing con la misma plataforma inteligente, un tema muy importante dada la dinámica en rápida evolución entre las dos funciones.

3.   Profundice su conocimiento del cliente.

Una de las razones principales detrás de la creciente demanda de herramientas que brindan la inteligencia financiera es que nunca ha sido más importante comprender cómo sus clientes interactúan y la mejor manera de llegar a ellos, o, más exactamente, alentarlos a que lo contacten. Sin este conocimiento, es probable que te encuentres detrás de tus competidores.

La realidad que enfrentan los dueños de negocios hoy en día es que las personas son cada vez menos receptivas a la venta. El viaje típico desde el interés inicial hasta el punto de compra, que actualmente ayuda a las empresas a evaluar en detalle el programa de 15 formas de sobrealimentar su negocio. El énfasis hoy en día está en el compromiso más que en la promoción; atraer clientes potenciales a usted en lugar de confiar en técnicas obsoletas y salientes basadas en la venta dura.

Hemos hablado sobre reunir datos de varios departamentos; pero es importante resaltar la importancia de implementar la plataforma elegida lo más ampliamente posible: en ventas, marketing, servicio al cliente, operaciones, desarrollo de productos y finanzas. Este es el trampolín para crear la "versión única de la verdad": perfiles holísticos de clientes basados en cada interacción con usted a lo largo de su viaje, independientemente del canal de comunicación. Esta es una verdadera inteligencia financiera, que ofrece información detallada sobre el comportamiento y las tendencias del comprador y le permite perfeccionar sus estrategias de ventas, marketing y crecimiento empresarial en consecuencia.

4. Brinde una excelente experiencia al cliente

Esto proporciona la base para una mejor respuesta de servicio, así como también permite que su negocio detecte cuándo un cliente potencial o cliente podría estar en modo de compra y administre cualquier punto de peligro en el que una falla en el servicio al cliente corra el riesgo de socavar.

El seguimiento actualizado de la interacción permite a la empresa mejorar sustancialmente el compromiso, el soporte y la experiencia de nuestros clientes.

Con su nueva visión del cliente en su lugar, también puede llevar a cabo un trabajo de segmentación para identificar el perfil típico de sus clientes más rentables, ayudándole a verificar que los recursos se están aplicando adecuadamente y que está atrayendo el tipo correcto de prospectos para satisfacer el crecimiento de su negocio objetivo.

5. Potencia la productividad

Inteligencia financiera tiene el potencial de liberar cuellos de botella de ineficiencia, refinar los procesos comerciales existentes, automatizar tareas rutinarias y aportar nuevos niveles de organización y priorización al trabajo de todos. Las ganancias en eficiencia y productividad pueden ser considerables, incluyendo un servicio al cliente más receptivo, un mejor uso del tiempo de los vendedores y una medición más cercana de los ciclos de desarrollo de productos y campañas de marketing. El elemento de eficiencia también es evidente en un nivel superior gracias a los informes y paneles de control automatizados.

La centralización de los datos, en sí misma, y hacer que esos datos sean accesibles en cualquier dispositivo a través de la nube, reduce el tiempo de administración de todos.

6. Precisión y cumplimiento de los datos.

Un artículo reciente identificó algunos de los elementos más complejos de la implementación de inteligencia financiera, que es como descubrir con precisión dónde residen sus datos, decidir qué es importante y quién debe tener acceso. Sin abordar esos problemas, el negocio está en riesgo debido a una mala toma de decisiones basada en datos inexactos y de regulaciones de cumplimiento de datos cada vez más estrictas.

Por lo tanto, no solo mantener los datos en silos separados hace que sea casi imposible lograr una visión de 360 grados de sus clientes, sino que pone en peligro la cuestión muy práctica de la precisión y la coherencia de los datos, lo que tendrá un impacto negativo en todas las áreas de su negocio. De hecho, es vital abordar la integridad subyacente de sus datos en cualquier proyecto de inteligencia financiera, pero también vemos una mejor gobernanza de datos como un fuerte factor de motivación detrás de tales inversiones.

Por ejemplo, la centralización de datos ayuda a mejorar la transparencia y exponer imprecisiones y brechas que conducirán a un gasto de marketing desperdiciado, sin mencionar el daño potencial de la marca causado por el envío de comunicaciones insensibles o erróneas.

Además, en todo el mundo las regulaciones de protección de datos están ajustando gradualmente las reglas sobre la captura, el almacenamiento y el uso de datos personales. Las nuevas leyes incluyen algunos requisitos para mantener los datos exactos y actualizados, para demostrar los motivos y poder así procesar los datos y formular una política de privacidad clara para mejorar la transparencia. Si su empresa tiene registros mal administrados, es muy poco probable que esté en condiciones de cumplir con estos requisitos y se arriesgue a no cumplir con el regulador ni con sus clientes.

7.   Acelerar el retorno de la inversión

La culminación de lograr todos los puntos anteriores debería ser una gran mejora en su retorno de la inversión en toda la empresa, desde la gestión de la eficiencia del día a día, las métricas de conversión de acuerdos de ventas y la experiencia del cliente, hasta el análisis, el modelado y la elaboración. Estrategias de crecimiento futuro. Sin el conocimiento y las disciplinas correctas, es fácil recurrir a las viejas formas de hacer las cosas, a las hipótesis y preconceptos, especialmente sobre el comportamiento y las preferencias de los clientes, y eso podría poner a su empresa en el camino completamente equivocado.

En la economía actual, las organizaciones lo están haciendo más con menos. Exigen más productividad de cada empleado y buscan todas las medidas posibles para mejorar el resultado final. Y esperan que sus empleados supervisen e impulsen este proceso ellos mismos.

La mayoría de los profesionales de negocios ofrecen habilidades especiales a sus empleadores, y la mayoría de estas habilidades no están relacionadas con la contabilidad y las finanzas. Sin embargo, es necesario un conocimiento básico de los estados financieros y los cálculos para tomar decisiones acertadas sobre todos los aspectos de un negocio.

Los estados financieros y los instrumentos nos muestran información de mucha importancia acerca de la salud financiera de una organización al resaltar las áreas donde la organización funciona bien y las áreas donde hay oportunidades de mejora. Después de saber cómo leer e interpretar algunos de estos instrumentos financieros usted podrá obtener muchas oportunidades para aumentar los ingresos y reducir los gastos, aumentando así su valor para la organización.

Al mejorar su conocimiento financiero, se empoderará de muchas maneras. Sabrá cómo justificar las solicitudes y traducir el rendimiento en términos financieros. Podrá cuantificar la contribución de su departamento a la organización, y la suya. Se comunicará de manera más efectiva con su jefe, la alta gerencia, los accionistas y otras partes interesadas sobre los resultados financieros que ha logrado y aquellos que planea entregar.

Por lo que será capaz de:

- Identificar las ventajas de analizar información financiera.
- Comprender el propósito y los beneficios de los presupuestos.
- Diferenciar entre varios instrumentos financieros.
- Realizar análisis horizontales y verticales utilizando la información financiera de su organización.
- Reconocer qué proporciones son más importantes para su organización.

Capítulo 8: ¿Cómo promover su inteligencia financiera?

Cuando se trata de administrar dinero, la mayoría de nosotros cree que sabemos más de lo que realmente sabemos. Creemos tener una imagen exagerada de nuestras habilidades financieras y de gestión del dinero y tendemos a minimizar la necesidad de mejorar nuestra inteligencia financiera.

Lo anterior explica por qué la mayoría de los dueños de negocios se enfocan en otros aspectos de su negocio mientras descuidan la tarea de rastrear cuidadosamente sus finanzas personales y comerciales y al final, sus negocios generalmente pagan el precio. Hay dos formas comunes en que los dueños de negocios caen en esta trampa:

- Se niegan a rastrear sus ingresos y gastos al permitir que los recibos se acumulen (o se pierdan) al no ingresar a un sistema de contabilidad
- Hacen un trabajo decente al actualizar sus registros de ingresos y gastos, pero no usan los números para hacer las preguntas necesarias sobre su situación financiera personal y la situación financiera de su negocio.

Su capacidad para hacer estas preguntas, proporcionar respuestas y realizar cambios tácticos cuando sea necesario determina su nivel de coeficiente intelectual financiero.

Si no cuenta con conocimientos acerca de la gestión financiera personal y comercial, especialmente en el aspecto que tiene que ver con los números, puede tener un coeficiente intelectual financiero bajo. Pero no se encuentra solo. Hay muchas otras personas como usted que no cuentan con muchas habilidades de gestión financiera. Consideran la gestión financiera con ansiedad, miedo o alguna combinación de lo anterior. Presentan la excusa de que están demasiado ocupados con su negocio para rastrear sus ingresos y gastos o analizar cifras.

Si su objetivo es un año próspero, hay más de una forma de llegar allí. Podría aumentar o invertir en una cuenta de jubilación individual. Puede pagar deudas de alto interés, construir su fondo de emergencia y ahorrar para un objetivo específico. Incluso hay algunas cosas que puede marcar en su lista de verificación financiera en cinco minutos o menos.

Aun así, cambiar su mentalidad también es importante si desea generar riqueza. Si nunca aprende más sobre el dinero, ¿cómo puede hacer cambios duraderos o evitar errores pasados? Si está buscando aumentar su inteligencia financiera, aquí hay siete hábitos para aprender en el nuevo año.

1. Leer sobre finanzas personales.

Hay muchos libros que pueden ayudarlo a pensar en el dinero de una manera nueva. Elija uno (o dos) en temas financieros que se alineen con sus objetivos, ya sean presupuestos, pagos de deudas o inversiones.

2. Rastrea tu patrimonio neto.

Si te enfocas solo en cuánto ganas, es fácil pensar que te estás haciendo más rico cuando realmente no lo eres. Traer más dinero que el año pasado, incluso seis cifras más, no lo ayudará a aumentar su riqueza si lo gasta todo. Pero darle seguimiento de su patrimonio neto, un término utilizado para describir sus activos menos sus pasivos, pone sus ingresos en perspectiva, le ayuda a ver cómo cambian sus pasivos con el tiempo y cuánto dinero realmente está depositando. Puede realizar un seguimiento de su patrimonio neto manualmente, pero también hay aplicaciones de inversión que pueden hacerlo por usted.

3. Rastree sus gastos.

¿Listo para tener un verdadero despertar financiero? Controle sus gastos por un tiempo. Este hábito requiere un poco de trabajo, pero le muestra a dónde va su dinero. Ya sea que elija anotar sus compras, usar extractos bancarios y de tarjetas de crédito o software especial, no tendrá dónde esconderse una vez que vea cuánto gasta realmente en comida, entretenimiento y extras cada mes.

4. Reunirse con un asesor financiero y / o un planificador de impuestos.

A medida que su situación financiera se vuelve más compleja, reunirse con un planificador financiero de honorarios que se especializa en maximizar las inversiones puede hacerle conocer algún consejo o estrategia con la que no esté familiarizado. Por otro lado, reunirse con un contador o un planificador de impuestos también tiene ventajas, especialmente con todos los próximos cambios de impuestos. Idealmente, querrá pagar la factura de impuestos más pequeña... sin contravenir a la ley. Un planificador de impuestos puede ayudarlo a hacer eso, al tiempo que lo ayuda a minimizar los impuestos en el futuro.

5. Invierte en sí mismo.

Tal vez desee invertir en un nuevo curso para aprender nuevas habilidades, o tal vez desee una certificación que pueda generar mejores salarios y mejores perspectivas laborales. A veces, la mejor inversión de dinero que cualquiera puede hacer no son bonos o acciones, es desarrollo personal, después de todo, ¿qué mejor herramienta tienes para aumentar tu riqueza?

6. Red.

Al acercarte y conectarte con las personas cercanas, mantienes el dedo en el pulso de tu industria y haces contactos valiosos. Nunca se sabe cuándo una nueva relación puede conducir a una nueva y emocionante perspectiva laboral, asociación u oportunidad profesional.

7. Concéntrese en lo que puede controlar

A veces, la vida parece inmanejable e impredecible. Incluso si aprende todo lo que puede sobre el dinero, no puede controlar lo que sucede en el mercado de valores o si el valor de su vivienda baja. Con tanto fuera de nuestras manos, muchas personas se preguntan si hay un punto en tratar de lograr una salud financiera. Pero no se desespere, concentrarse en lo que puede controlar lo deja absolutamente mejor. Por ejemplo, si bien no puede cambiar el flujo y reflujo del mercado de valores, puede controlar cuánto invierte. Y, si no puede controlar si obtiene un aumento en el trabajo, puede controlar cómo gasta su cheque de pago.

8. Asista a seminarios

Cada año, se organizan miles de seminarios financieros que ofrecen una variedad de consejos útiles sobre cómo aumentar su coeficiente intelectual financiero. Puede encontrar estos seminarios en su banco o sindicato local o en arenas y centros utilizados para celebrar seminarios. Por lo general, estos seminarios cuentan con expertos en administración de finanzas personales y comerciales que le hablan en persona sobre los problemas financieros cotidianos y sus soluciones. Sin embargo, muchos de estos seminarios cuestan una tarifa para asistir, pero el valor de la información que obtendrá de ellos valdrá la pena.

Capítulo 9: Discusión Principal

El desarrollo de este libro de revisión teórica, permitió que se lograra identificar aspectos relacionados con la cultura financiera y la inteligencia financiera. Desde el aporte que se pretende realizar, es necesario considerar los siguientes aspectos: crear estrategias que permitan una mirada a la importancia de la cultura del ahorro, y que las personas y el grupo familiar se acerquen a las lógicas de un ahorro o fondo común, el cual permita establecer aspectos básicos de ingresos y egresos, donde los excedentes logren construir un portafolio de inversión familiar.

En el caso de los excedentes monetarios y considerar inversiones de cualquier tipo, existe una relación directa entre la rentabilidad, el éxito, el fracaso y la incertidumbre, llevando a cabo aspectos de contexto social, económico, político y cultural frente al manejo de esos excedentes financieros, los cuales se pueden lograr en algún momento; así contar con otros ingresos es una alternativa que puede favorecer el ahorro y mejorar condiciones y calidad de vida.

Las categorías emergentes, desde el contexto, logran otorgar un aporte a los constructos propuestos, es decir, a los recursos financieros y a la inteligencia financiera. La capacidad de inversión, el estrés financiero, educación financiera, competencias para la toma de decisiones financieras, capacidad de ingresos y estrés financiero, hacen un compendio para considerar, de forma holística, que la cultura y toma de decisiones, al momento de realizar una inversión, se debe mirar, considerando diversos aspectos, desde la forma en que un individuo piensa en su estructura mental y la capacidad que tiene para realizar inversiones, hasta la adaptación, al momento de asumir una pérdida o cambios en la rentabilidad que se tenía contemplada.

Desde un punto práctico se propone que todas las personas puedan realizar sus inversiones con las diferentes alternativas que existen en el mercado, pero se deben contemplar los riesgos inherentes y relacionados, al momento que se toma la decisión de invertir; los riesgos no se pueden evitar, se pueden minimizar, por medio de inversiones que se consideren seguras. No obstante, lo que se debe dejar a un lado, es optar por aquellas inversiones que suelen pagar altos intereses o rendimientos en un corto plazo, lo cuál puede ser considerado como inseguro, ya que el mercado financiero tiene un comportamiento similar dentro de las tasas de interés de captación.

De igual manera, dentro del análisis realizado, se encontró la relación que se tiene entre el estrés financiero y la toma de decisiones, es decir, la incertidumbre que existe al momento que una persona desea invertir, esperando una rentabilidad apropiada o la pérdida total o parcial del capital invertido. El estrés financiero puede afectar el rendimiento laboral y el comportamiento de la persona en su entorno social.

Conclusiones

En primer lugar, es necesario establecer cómo se generan unos recursos, en este caso de tipo financiero, y se estructura la forma en la que se destinan sus ingresos para diversas actividades de la vida cotidiana. Es recomendable que las personas consideren cómo desde la inteligencia financiera, se pueden manejar recursos, se pueden construir unos ingresos adicionales, a partir de excedentes o ahorros que la persona o el grupo familiar puede realizar.

Dentro de las categorías de análisis expuestas en el desarrollo del libro, se llegó a la consideración de que la educación financiera es un elemento fundamental para poder hacer inversiones de diversas índoles; sumado a que la cultura, la sociedad y la formación académica están ligadas a la manera en que se propone esa educación financiera.

Así mismo, se puede adicionar la toma de decisiones financieras y las competencias que las personas pueden tener para pensar en realizar inversiones, buscar asesorías o proponer qué inversión se realiza, al poner en la balanza aspectos positivos y negativos de una determinada inversión.

Por otro lado, el generar inversiones apropiadas es recibir otros ingresos; es por eso importante el cómo las personas determinan qué excedentes se esperan recibir sobre una determinada inversión; esto se logra con una destinación de recursos y una inteligencia financiera, que permita obtener dinero por un tiempo determinado, conociendo el riesgo en que se puede incurrir; toda inversión siempre tiene un determinado riesgo, sea bajo, moderado o alto. En el desarrollo de la revisión teórica se evidenció que aún faltan investigaciones empíricas, que aporten a la construcción de una cultura financiera y al desarrollo de una educación financiera, y que permitan conocer cuál es el estado actual, proponiendo algún modelo práctico, en aras de que las familias y las personas logren desarrollar una cultura de inversión y consideren que el ahorro a largo plazo tiene aspectos positivos que permiten mejorar la calidad de vida, la estabilidad financiera y el impacto social, avanzando a una sociedad justa y equitativa.

La debilidad de los hogares y los individuos, frente a la cultura financiera, es un reflejo del desarrollo de los países, es por eso que esta revisión teórica permitió identificar como en Colombia aún falta realizar un trabajo eficiente y estructurado de buscar el desarrollo de los individuos, la familia y la sociedad, por medio de la inversión y el ahorro.

Referencias Bibliográficas

Organisation for Economic Co-operation and Development Staff –OECD-. (2005). Economic, environmental and social statistics. Paris, France: OECD.

Cabrera,M.(2017).¿Que es la inteligencia financiera y como utilizarla. Recuperado de https://www.marianocabrera.com/inteligencia-financiera/

Montero,M.(2017).¿Que es el plan financiero?. Recuperado de https://www.emprendepyme.net/que-es-el-plan-financiero.html

Garay, G. (mayo, 2016). Índice de alfabetismo fiaray, G., la cultura y la educación fi G., la . RevistaPerspectivas,(37),2340.Recuperadodehttp://www.redalyc.org/articulo.oa?id=425946304003

Bray, R. (2002). Hardship in Australia: An analysis of fiof fifina stress indicators in the 1998-99 Australian Bureau of Statistics Household Expenditure Surevey. Occasional Paper series.Recuperado de https://www.dss.gov.au/about-the-department/publications-articles/research-publications/occasional-paper-series/number-4-hardship-in-australia-an-analysis-of-financial-stressindicators-in-the-1998-99-australian-bureau-of-statistics-household-expenditure-survez

Cohen, M., McGuinness, E., Sebstad, J. y Stack, k. (2005). Estudios de mercado de la educación fi k. (200. Washington, Estados Unidos: Microfinance opportunities. Recuperadodehttps://oicolombia.com.co/upload/edu_financiera/Conceptos_financieros/Estudio_de_mercado_-_documento_de_trabajo_no_2.pd

Kiyosaki,R.(2015).Incrementa tu IQ financiero.Recuperado de https://books.google.com.pe/books?id=t36GCgAAQBAJ&pg=PT39&dq=inteligencia+financiera&hl=es&sa=X&ved=0ahUKEwiEoebu9aTlAhVNx1kKHYDmAAgQ6wEIXDAJ#v=onepage&q=inteligencia%20financiera&f=false

Nachtigall,P.(2016).Inteligencia Emocional financiera.Recuperado de https://books.google.com.pe/books?id=jj4pDAAAQBAJ&printsec=frontcover&dq=inteligencia+financiera&hl=es&sa=X&ved=0ahUKEwjx17-t9qTlAhVOnlkKHU51DzM4ChDrAQg9MAM#v=onepage&q=inteligencia%20financiera&f=false

Andaluz,L.(2014).Educación Financiera. Recuperado de https://books.google.com.pe/books?id=sMufBAAAQBAJ&pg=PT6&dq=inteligencia+financiera&hl#v=onepage&q=inteligencia%20financiera&f=false

Lightning Source UK Ltd.
Milton Keynes UK
UKHW020629150621
385545UK00012B/836

9 781647 770501